CONVERSION POLITIQUE

DE

M. ET MME DENIS.

CONVERSION POLITIQUE

DE

M. ET Mme DENIS

Où il est prouvé que le parti conservateur
ne peut pas être corrompu,

SUIVIE

D'UN APERÇU SUR L'UTILITÉ DES BANQUETS RÉFORMISTES.

Prix : 50 Centimes.

PARIS,

A LA LIBRAIRIE, PASSAGE DU COMMERCE, 5,
ET CHEZ TOUS LES MARCHANDS DE NOUVEAUTÉS.

1848

CONVERSION POLITIQUE

DE

M. ET MME DENIS.

Il y a quelques jours une affaire importante m'appela à Pontoise. Comme je suis un bourgeois honnête et économe, et que je ne puis voyager en poste, je pris place dans une voiture publique. Nous étions réunis six voyageurs dans un étroit espace, et pour nous désennuyer de la route nous nous mîmes à converser. Je suis d'un naturel causeur et communicatif, et j'aime surtout à m'instruire en causant de philosophie et d'histoire. Je m'adressai donc à un de mes voisins qui me parut être un homme grave, car il était décoré. Bien que je ne me pique pas d'être Gall ni Lavater, pourtant je devinai par une sorte de pressentiment que cet homme grave était un député de mon pays.

Supposant dès-lors qu'il devait être un grand politique je m'adressai respectueusement à lui :

— Monsieur, lui dis-je, je suis un homme simple, j'aime à m'instruire, et, comme vous devez être certainement plus savant que moi, daignez m'éclairer. Je m'occupe quelque peu de philosophie et je me suis souvent demandé quel est le meilleur gouvernement possible ?

— Monsieur, me répondit-il d'un air profond, je suis représentant du pays comme vous avez pu le voir sur le fourreau de mon parapluie qui porte mon nom et ma qualité. Aussi je ne me suis guère occupé de résoudre le problème que vous venez de poser. Vous comprenez bien que ce n'est pas là notre affaire à nous autres députés. Voter le budget, les fonds secrets et les indemnités Pritchard, voilà notre spécialité. Quelquefois nous votons des lois, mais il paraît quelles sont généralement mauvaises, boiteuses et contradictoires. Je pencherais d'ailleurs à croire que la question que vous me faites est inconstitutionnelle. Je pense donc qu'il est de mon devoir de vous rappeler à l'ordre.

— Alors, lui dis-je pour le calmer : Monsieur, j'éprouve le besoin de protester que je suis avant tout constitutionnel et que la question que je fais n'a rien d'attentatoire aux droits imprescriptibles de la Charte.

Il reprit d'un air bienveillant :

— Monsieur, pardonnez-moi mon erreur, je m'aperçois que vous appartenez comme moi au parti qui s'honore de s'appeler Conservateur.

— Vous avez deviné, m'écriai-je étonné. Mais dites-moi, monsieur, à quoi vous avez reconnu mes opinions politiques.

—Monsieur, me dit-il, c'est à votre parapluie ! ! !

Cette réponse m'étonna et je restai quelque temps muet de surprise. Il reprit avec assurance :

—Oui, monsieur, c'est à votre parapluie que j'ai reconnu la droiture de vos opinions politiques. J'ai fait cette observation qui me semble bien profonde, que toutes les personnes qui se munissent du modeste parapluie ont pour but de conserver leurs vêtements. Or, tout homme qui cherche à conserver ses vêtements appartient manifestement au parti qui s'honore de s'appeler conservateur. Cet homme est un homme honnête et rangé, et, comme je le disais à mon collègue Guizot, le parapluie joue un rôle très grand, très important et très légitime dans le gouvernement représentatif. Ainsi, monsieur, quel est le devoir d'un ministère? c'est de tenir la royauté à couvert. Qu'est-ce qu'on dit toutes les fois qu'un acte ministériel retombe jusque sur la personne royale? que le minstère a mis la couronne à découvert. C'est donc comme si je disais : Je suis à couvert sous mon parapluie ; ou, mon parapluie ne m'a pas suffisamment couvert. C'est là une vérité incontestable. Un ministère n'est qu'un parapluie créé pour la couronne. Aussi, comme je le disais à mon collègue Guizot, Mon cher, vous avez beaucoup parlé de capacités et d'incapacités, mais je crois que vous n'entendez pas grand'chose à la question. Voulez-vous fermer la bouche à la détraction, croyez-moi, laissez là votre cens de deux cents francs et permettez à tous les gens qui ont un parapluie et qui s'en servent exactement de voter nos élections, je crois que vous obtiendrez par là des collèges notoirement conservateurs. Cette idée fit beaucoup rire mon collègue Guizot, mais certainement elle a dû faire impression sur son esprit.

— En effet, répondis-je, l'idée est assez neuve et je crois que l'on en pourrait faire quelque chose de bon. La théorie des incapacités m'a toujours semblé fort ennuyeuse. D'ailleurs vous rapprochez de la Gazette de France et du suffrage universel. Je crois que cette théorie n'est pas plus impraticable que celle de l'honorable monsieur de Genoude, même elle offrirait plus de garantie pour un solide et bon gouvernement. Croyez-vous, monsieur, à la possibilité du suffrage universel?

— Non, répondit-il, je n'y crois pas, c'est une utopie, j'en suis convaincu.

— Du reste, trouvez-vous, lui dis-je, que notre gouvernement fonctionne suffisamment bien. Je lis tous les jours dix journaux, et je ne vois guère sur ces dix journaux que les Débats qui défendent sans restriction notre politique. Le journal la Presse est un bon casuiste qui a flatté le ministère dans le succès et qui le déchire à belles dents aujourd'hui qu'il espère le renverser. Restent huit journaux qui ne cessent de le déchirer ; j'avoue que je ne sais trop que penser de tout ce bruit, bien que j'appartienne dans le fond au parti qui s'honore de s'appeler conservateur.

—Monsieur, me répondit-il, je ne loue pas notre politique sans restriction. J'ai trouvé quelquefois de l'arbitraire dans ce ministère. Dernièrement, je demandai une place de substitut pour mon fils, un charmant sujet, une perception pour mon neveu, un jeune homme qui sera bientôt mon gendre, c'est tout dire, et la croix d'officier pour moi qui ai loyalement servi mon pays et le scrutin secret; mais le ministère me dit, il y a beaucoup de demandes, il faut attendre... il faut attendre... J'ai répondu à mon collègue le ministre : Vous ai-je jamais fait attendre ma boule blanche ou ma noire. Enfin j'attendrai encore. Mais il me semble que dans cette occasion le ministère a fait acte de mauvaise politique. Sauf cela, les actes de nos ministres sont empreints d'une bien haute et d'une bien profonde sagesse. Le peuple est parfaitement heureux. Le commerce nage dans la prospérité. Le luxe s'introduit dans les classes pauvres et les fontaines se multiplient dans toutes les villes. Quant à moi je ne me plains pas et j'ai une très bonne et très lucrative place. En un mot la prospérité est toujours croissante et les impôts produisent tout ce qu'ils peuvent produire.

— Permettez-moi, monsieur dit un petit jeune homme placé à un des coins de la voiture, permettez-moi de ne pas être complètement de votre avis. Je m'occupe beaucoup de politique, et je lis tous les matins la Réforme. C'est certainement à mon avis le journal le mieux écrit de Paris. Un de mes cousins même y a un emploi fort important. Croyez-vous bien qu'il est chargé tout seul de vérifier les épreuves..

Aussi, nous sommes bien fiers de cela dans notre famille, et cela nous rend influents dans notre endroit. Eh bien il me semble qu'il est pénible pour un Français qui a du cœur de voir la corruption partout.

— Bon ! voilà le grand mot lâché. La corruption, la corruption ! mais où en voyez-vous. Suis-je corrompu, vous sentez-vous corrompu ?

—Monsieur, il y a dans notre endroit, reprit le jeune homme qui s'occupait de politique, un meunier qui payait une patente de quarante francs, il s'en est plaint à monsieur le maire. Eh bien ! monsieur le maire lui a répondu : Michel, si tu votes pour les conservateurs on ôtera quinze francs. Est-ce clair. Aussi, si j'étais député, je demanderais une enquête sur ce fait.

— Il est bien un peu vrai, dis-je, que la corruption existe !

— C'est une erreur, dit le député.

— Mais voyez plutôt l'affaire de Bourganeuf !

— Monsieur, je vous arrête ici. Il est notoire qu'il n'y avait pas de corruption, puisque le jury l'a déclaré sur son honneur et sa conscience.

— Soit ; il n'y avait pas corruption, mais l'affaire Drouillard.

— Bon ; vous me parlez d'un candidat de l'opposition.

C'est vrai ; j'en conviens, mais le procès de la chambre des.....

— Chut ! mon cher monsieur, respectons le malheur : un ministère moins loyal, moins esclave de la légalité l'aurait étouffé.

— Tout cela est vrai, dis-je en hochant la tête et en regardant le jeune homme qui faisait des signes de pitié.

— Eh quoi, s'écria-t-il, il n'y a pas de corruption ?

— S'il y a corruption, en tout cas, elle n'est pas dans le parti conservateur. Comment voulez-vous qu'un parti qui s'appelle conservateur soit corrompu. Corruption et conservation sont aussi apposées que chien et loup. Si le parti conservateur était un parti corrompu, il ne serait pas conservateur. Cela est-il évident ?

— Oui.

— Si le procédé de monsieur Gannal hâtait la dissolution du corps humain, ce ne serait pas un procédé d'embaumement.

— A coup sûr.

— Si l'eau de Lob faisait tomber les cheveux, ce ne serait pas une eau régénératrice. Il en est de même du parti conservateur, il n'est pas corrompu par cela seul qu'il est conservateur.

— Tout ce que vous avez dit, monsieur, est fort sensé, dit une dame d'un certain âge, mais pardonnez-moi si je vous interromps. Vous avez parlé tout à l'heure de prospérité toujours croissante et d'impôt. Mais avouez que jamais l'impôt n'avait été si exorbitant. M. Denis mon époux a une propriété située aux environs de Pontoise, qui, il y a quarante-deux ans, ne rapportait au fisc que soixante-deux francs dix-sept sous. Eh bien ! le croiriez-vous cette même propriété est imposée à cent cinquante et un franc soixante centimes, n'est-ce pas exorbitant monsieur Denis ?

— Mais les produits, madame, les produits, dit le député.

— Vous me parlez de prospérité toujours croissante, mais apprenez qu'à Pontoise tout est hors de prix; il y a huit ans nous payions la viande sept sous, et aujourd'hui nous la payons dix. Est-ce là de la prospérité toujours croissante. Autrefois, j'avais un plat de carottes et de petits pois pour presque rien, et aujourd'hui on ne peut plus rien acheter. Enfin autrefois nous placions nos fonds à cinq et six le cent et maintenant nous ne plaçons guère qu'à quatre, et encore il y a des banqueroutes. N'est-ce pas monsieur Denis?

— Mais, madame, le commerce, le commerce, disait le représentant.

— Non, monsieur, reprit madame Denis qui s'animait de plus en plus, votre gouvernement est trop cher; pour ce prix-là ont devrait avoir ce qu'il y a de mieux; aussi M. Denis votera toujours pour l'opposition.

— Mais, ma chère dame, pour tous les travaux, comme les chemins de fer, les routes royales, les fortifications, il faut de l'argent, qu'en dites-vous M. Denis? je parierais que vous êtes plus raisonnable que madame.

— Ma foi, dit M. Denis, je pense bien un peu comme ma femme : il faudrait faire des économies, il faudrait faire des économies, que diable ! A quoi sert, je vous prie, cette armée de quatre cent mille hommes qu'il faut chausser, habiller, loger, chauffer, nourrir, blanchir, éclairer ! Ce serait une différence nette de cinq cent millons; de telle sorte qu'au lieu de payer à l'Etat un impôt de cent cinquante et un francs soixante quinze centimes, je ne paierais que cent francs et dix-sept sous. Je ne suis pas fort en politique, mais voilà comme je raisonne. Je comptais en mil huit cent trente sur un gouvernement à bon marché, mais je vois que ce sont des bons marchés qui ruinent. Aussi, depuis dix ans, j'ai l'honneur de voter avec l'assentiment de madame Denis toujours pour l'opposition.

Monsieur, reprit l'honorable représentant, voilà bien comment parle l'anarchie, cette hydre séditieuse que nous croyions abattue et qui relève la tête. Voilà comment parlent les fauteurs de toutes les révoltes et de tous les désordres. Mais, monsieur, sans armée, sans fortifications, comment protégerez-vous la France des injures de l'étranger ?

— Je lis le *Siècle* depuis bientôt dix ans, dit M. Denis, et je vous répondrai comme ce remarquable journal. Ah ! vous parlez de protéger l'honneur de la France et vous demandez à cet effet une armée improductive de quatre cent mille soldats. Eh bien répondez? qu'avez-vous fait de la France depuis sept années? Qu'a fait ce malheureux ministère qui a la

— 14 —

déloyauté de ne pas céder la place à M. Thiers, l'immortel auteur du Consulat et de l'Empire. Vous avez voté l'indemnité Pritchard, vous avez désavoué Dupetit-Thouars. Vous avez eu peur de l'Angleterre à Mogador, et le traité de Tanger est une galette. Vous avez été joué indignement dans les mariages espagnols. Enfin votre entente cordiale est une pitoyable comédie, car au rebours des comédies, au lieu d'un mariage, vous nous avez donné une rupture. Je ne parle pas d'Abd-el-Kader que vous ne prenez jamais, ni des jésuites que vous favorisez.

LE DÉPUTÉ. Il me sera bien aisé de répondre à toutes ces invectives; justement j'ai là un ancien discours de mon collègue Guizot qui répond à tout. Écoutez : voici d'abord un passage fort clair. Les libertés publiques, dit mon collègue Guizot, sont chaque jour pratiquées, prouvées, développées.... voilà pour le dedans. Quant au dehors, il faudrait être aveugle pour ne pas voir la France jouir de la plus grande considération. La Grèce ne pense que par nous. L'Égypte nous envoie en présents des chevaux, et le bey de Tunis une girafe. L'Angleterre et la Russie nous donnent des poignées de mains; nous faisons des infants à l'Espagne. Enfin nous faisons trembler la Cochinchine. N'y a-t-il pas de quoi être fier, monsieur Denis? j'en appelle à votre conscience, car vous êtes un homme de conscience; nous sommes tous des hommes de conscience. Est-ce là un fait clair? oui, nous sommes justement fiers d'appartenir à un parti qui s'appelle conservateur, et je prétends conserver mes places, ma fortune et le ministère actuel. Votez donc pour ce glorieux ministère et vous ferez acte de bon citoyen. D'ailleurs vous avez tout à gagner, on vous aidera à réparer vos églises, on vous comblera de tableaux religieux. Vous avez une campagne, on y construira un chemin vicinal, on donnera des bourses à vos enfants dans les colléges. Mais vous ne pouvez mériter ces bienfaits que par la droiture de vos opinions.

—Mais je craindrais de voter contre ma conscience, hasarda M. Denis.

—Monsieur, vous vous trompez, et je vous prouverai aisément que vous êtes par goût et par tendance le plus pur et le plus sincère des conservateurs. Avez-vous un fils monsieur Denis?

Madame Denis. Oui, Dieu merci, nous avons un fils qui est employé dans l'enregistrement.

—Fort bien madame. Êtes-vous rentier, monsieur Denis.

M. Denis. Oui, monsieur, j'ai sept cent quatre-vingt-trois francs de rente.

—Eh bien! en conscience, monsieur Denis, comment avez-vous pu être de l'opposition. Je vais vous prouver que vous êtes conservateur. Désireriez-vous voir périr votre enfant à la guerre. Non; donc vous voulez conserver votre fils, donc vous êtes conservateur. Aimeriez-vous, au lieu de toucher chaque année sept cent quatre-vingt-trois francs de rente, ne toucher que six cent vingt-quatre francs.

M. Denis. Non certes,

— Donc, vous voulez conserver vos sept cent quatre-vingt-trois livres, donc vous êtes conservateur, donc vous n'êtes pas de l'opposition qui veut réduire la rente de cinq à quatre pour cent. Vous êtes proprié-taire, et j'en suis persuadé, un des grands proprié-taires de Pontoise. Aimeriez-vous à conserver cette propriété?

M. Denis Je crois bien.

— Donc vous êtes conservateur et vous devez vous déclarer l'ennemi juré de l'opposition qui aurait quel-que tendance à favoriser le partage des terres. Oui, monsieur Denis, jusqu'à ce jour vous avez été égaré par la lecture de la presse subversive. Toute la théorie du système se résout en deux mots : le vrai conservateur commence par conserver son bien.

M, Denis. Je n'avais jamais envisagé la ques-tion sous ce point de vue, et je crois que désor-mais je voterai pour un candidat qui s'honore comme vous dites...

Le Député. D'appartenir au parti conservateur.

Madame Denis. Mais, monsieur Denis, il me semble que vous vous laissez trop aisément convaincre. Car enfin monsieur, cette année 1847 sera une année déplorable. Les blés sont trop clairs, la flo-raison se fait mal, la sécheresse devient dangereuse et les pommes de terre ne profitent pas. Tout cela accuse une coupable imprévoyance de la part du ministère.

Le représentant. Madame, je vois que vous raisonnez comme une bonne ménagère. Mais le devoir du parti conservateur n'est pas de créer des blés, des melons ou des raisins, son rôle unique c'est celui de conserver.

—Ainsi, vous prétendez que lorsque je conserve mes cornichons, mes petits pois ou mes haricots, que lorsque je salle mon beurre ou mon jambon pour l'hiver, je suis conservatrice?

— Oui madame.

—Alors, monsieur, j'étais de ce parti sans le savoir, et je vous remercie de m'avoir ouvert les yeux. Denis, tu ne voteras désormais que pour un candidat ministériel.

Democrite.

De l'utilltté des banquets réformistes.

<hr>

Nanterre, novembre 1847.

Je ne m'occupe guère de politique et je m'en trouve bien. Depuis que j'habite Nanterre, je n'ai pas de plus grand plaisir que celui de voir, chaque année, couronner la rosière. Savoir quel choix fera M. le maire, si c'est Catherine ou Babet, c'est là un de mes grands soucis. Je ne prétends pas, moi tout seul, diriger la France comme tant d'autres, et je ne discute jamais sur la question d'Espagne ou de Portugal, de Suisse ou d'Italie, par la raison que j'avoue n'y rien comprendre. Je me promenais paisiblement dans mon petit jardin et je coupais le bois mort de mes rosiers, lorsqu'un de mes amis me vint trouver. Je me doutai, à son air grave, qu'il avait une communication de quelque importance à me faire,

— Quel heureux événement me procure aujourd'hui le plaisir de te voir, lui dis-je.

— Mon chère Jérôme, me dit-il, je t'apporte de grandes nouvelles. Tous nos amis sont assemblés en ce moment au café patriote et on y agite une question de la plus haute gravité ; il s'agit de sauver la France...

— Comment, dis-je, de sauver la France. Les puissances nous auraient-elles donc déclaré la guerre ? ou bien serions-nous menacés du choléra ?

— Si ce n'était que cela, fit-il avec un geste de dédain ; mais il s'agit bien d'autre chose et je vois avec peine que tu ne songes qu'aux intérêts matériels.

— Mais qu'est-ce donc, repris-je, effrayé.

— Malheureux ! me dit-il d'une voix solennelle, ignores-tu que nous marchons vers un abîme et que nous sommes sur un volcan. Aujourd'hui tous les libéraux de Nanterre, ceux qui aiment vraiment le pays, se sont assemblés comme je te le disais. Il paraît que notre ministère a perdu toute pudeur. On disait qu'il protége effrontément les cagots, les cafards, la prétraille, et qu'en Suisse il avait envoyé des armes aux jésuites dans un canton qu'on appelle le Sunderbund, je ne sais trop pourquoi. L'Assemblée a élu Rabot, l'épicier, pour son président. Quelques orateurs ont demandé la parole et le président a prononcé la formule : *caveant consules*, deux mots latins qui signifient : les ministres n'ont qu'à marcher droit ; puis il a fini ainsi : la France se meurt, mais elle n'est pas morte ! Nanterre la sauvera.

— Mais, dis-je, comment s'y prendra-t-on ?

— Comment on s'y prendra, le moyen est bien simple, mais il est infaillible. Il a été décidé à une grande majorité que l'on se réunirait à un banquet solennel et patriotique... et qu'il y aurait du champagne.

— S'il ne s'agit, pour sauver la France, que de boire à sa santé, dis-je en riant, le remède est assez agréable, et le champagne est une assez douce médecine.

— Jérôme, il ne s'agit pas de plaisanter, de tous côtés d'imposantes manifestations se produisent ; à Paris, à Lille, à Orléans, partout les banquets se succèdent, le vin coule à pleins bords, les patriotes s'échauffent, l'opposition se met en train, les toast se multiplient. Comprends-tu tout l'effet que doit produire un discours sur des estomacs qui digèrent la blanquette humanitaire et le beefsteak patriotique. Sans compter que la société vinicole trouvant un nouveau débouché devient nécessairement opposante et réformatrice. Eh ! bien, Nanterre qui est aux portes de Paris ne pouvait évidemment pas rester en arrière. Sa position topographique et son importance lui assurent une influence légitime dans les destinées du pays.

— Sais-tu si quelque député a donné son adhésion ? demandai-je.

— Nous avons écrit à O*** B***. Ce grand apôtre des banquets réformistes nous a répondu : messieurs, je suis infiniment flatté de l'agréable invitation qui m'a été faite. J'adhère à la grande manifestation que se propose de faire la ville de Nanterre. Mais je suis invité demain à un banquet à Quimpercorentin ; après demain, à un banquet à Strasbourg ; lundi, à un banquet à Montpellier ; et mardi, à un banquet à Pontoise. Vous comprenez qu'il me sera difficile de satisfaire à l'empressement général. Je dois en outre vous avouer que j'ai des maux d'estomac ; veuillez m'excuser auprès des habitants de votre belle cité.

— Cela est fâcheux, repris-je, mais il faut bien lui pardonner ce refus. De fait on est homme avant d'être député, et tant de banquets doivent fatiguer l'estomac le plus solide. Avez-vous au moins quelque maire, quelque conseiller général, quelque juge ; quelque magistrat ?

— Je ne sais pas, Jérôme, mais on en trouvera. Quant à moi, je suis chargé, par le comité directeur, de te demander ton adhésion. Il n'en coûtera que dix francs par tête et il y aura un toast au roi.

— Mon cher ami, lui dis-je, j'avoue que je ne suis pas comme toi bien convaincu de l'efficacité d'un banquet et que....

Tu veux plaisanter, Jérôme, et tu oublies qu'en Angleterre la politique ne se pratique pas autrement. S'agit-il de renverser un ministère, on boit... s'agit-il de nommer un candidat, on boit encore, on boit toujours. Un gouvernement ne peut résister à un toast. Aussi à la première nouvelle de notre banquet, toute l'administration de Nanterre a été terrifiée. Nous avons demandé la grande salle de la mairie. Aussitôt le maire a écrit à Paris. Ce ministère est dans la consternation ; il doit y avoir conseil des ministres et on

doit décider si cette salle sera ou non donnée.....
Et tu doutes de l'utilité des banquets réformistes !

— Chacun a ses idées.

— Mais ne vois-tu pas, comme le disait si bien Rabot, que grâce à cet enthousiasme le ministère ne
peut manquer d'être renversé. L'opposition ne fait
qu'un pas de la salle du festin au pouvoir, et alors les
lois de septembre sont abolies, tout le monde est ad-
mis à manifester ses opinions politiques, la corruption disparaît ; la France devenue puissante rétablit
la nationalité Polonaise ; la Suisse chasse définitive-
ment les jésuites ; l'Italie ferme ses portes à l'Autriche;
l'Angleterre et la Russie courbent la tête.... Et tout
cela est le produit des banquets réformistes.

— J'en doute !

— Tiens, Jérôme, répondit-il, tu me ferais mettre
en colère. En vérité tu es un petit esprit... et tu ne
sauveras jamais la France. Tu te targues d'être libéral,
tu demandes l'adjonction des capacités, et au moment
où on a besoin de toi tu n'y es plus.

— Mon cher, je ne suis ni trop conservateur ni
trop de l'opposition. Quand le ministère fait des sot-
tises, je ne cherche pas à les faire admirer comme des
prouesses. Je ne crois pas aux ministères infaillibles.
Quant à l'opposition, lorsqu'elle s'égare, je le dis
franchement. Eh ! bien, crois-moi, depuis sept ans
l'opposition ne fait que des fautes, et aujourd'hui je
trouve qu'elle donne prise au ridicule avec ses banquets et ses réclames. Jamais on ne fera croire à la

France que ses destinées soient placées dans un verre de vin et que son salut tienne à un bon dîner. Il n'y a que les imbécilles, les gourmands et les ivrognes qui ne pensent pas comme moi. Jamais je ne pourrai admirer tous ces discours qui s'échappent d'une bouche avinée, et ce n'est pas dans un festin qu'on traite des questions qui ne doivent se traiter que dans le cabinet. Maintenant va recruter tes adhésions si tu veux, mais dis bien à M. Rabot qu'il ferait mieux de vendre des épices que de faire des discours.

La-dessus nous nous sommes quittés un peu animés l'un et l'autre. Je ne sais si Nanterre continuera sa grande manifestation. Quant à moi, je vais continuer ma promenade.

Paris. Imp. de Lacour, rue St-Hyacinthe-St-Michel, 33.